AF542905

RÉSULTAT

DES SERVICES RENDUS

AU GOUVERNEMENT DE JUILLET.

Le Capitaine Peloux se propose de mettre sous presse incessamment ses relations avec de hauts personnages politiques qui, dans la révolution de Juillet, jouèrent un rôle important.

RÉSULTAT

DES

SERVICES

RENDUS

AU GOUVERNEMENT DE JUILLET

Par le Capitaine PELOUX

Chevalier de la Légion-d'Honneur.

Écrit par lui-même.

NEUILLY,

IMPRIMERIE DE A. POILLEUX,

RUE DE SEINE, 91.

1844.

RÉSULTAT

DES SERVICES RENDUS

AU GOUVERNEMENT DE JUILLET.

LORSQUE, par suite des désastres de 1812, la France fut menacée d'être envahie, et que nos armées, jusqu'à cette époque victorieuses, eussent éprouvé des revers trop sérieux pour ne pas craindre les suites funestes de tels malheurs, je compris dès lors que le moment était arrivé où tout Français capable de porter les armes devait s'empresser de voler à son secours. Je contractai donc en 1813 un engagement volontaire, à l'âge de 15 ans, pour un des régiments d'infanterie qui se trouvaient en Allemagne, où bientôt je pus combattre un ennemi qui se présentait orgueilleux à la frontière, et dont la marche jusque-là n'était due qu'au malheur, à la trahison et au plus lâche abandon. Je fis les campagnes de 1813, 1814 et 1815, et, au licenciement de l'armée, je rentrai dans mes foyers, ne voulant point servir une cause pour laquelle je ne me sentais pas assez de dévoûment, et à laquelle je n'aurais pu prêter serment de fidélité.

La chute du colosse eut un long retentissement dans ma jeune âme : les insultes dont l'accablaient les pygmées révoltaient en moi le sentiment de la justice, si profond et si irritable, alors surtout que rien ne pouvait l'altérer. Le malheur fut mon premier culte; Napoléon en était à mes yeux la personnification la plus noble et la plus parfaite. D'autres ont pu rêver des rois tout d'or, moi j'avais contemplé dans son costume si simple le dieu du siècle; mon admiration pour lui était sans égale, et je savais, à l'âge où communément on l'ignore, que ce n'est pas la pourpre qui fait le souverain, ni l'épée le héros; mais que la véritable grandeur de l'homme, celle qui attire le respect et la soumission, réside en lui-même; et que Dieu environne le génie d'une auréole plus majestueuse que la couronne de diamants, le trône d'or et le manteau d'hermine et de velours.

L'acharnement du parti triomphant contre le parti vaincu; les persécutions qui nous poursuivaient, nous soldats rentrant dans nos foyers, jusque dans les plus petits détails de chaque jour, donnèrent dès lors à mon caractère de l'énergie, de la résolution, de la rudesse, et surtout un profond mépris pour les opinions de la foule, qui célèbre aujourd'hui ce qu'elle maudissait hier, et pousse des acclamations d'allégresse sur le chemin de tout triomphateur, sans plus de motifs qu'elle n'en a pour accabler d'insultes tout malheureux ou toute victime. Ce n'est jamais sans la plus vive émotion que je me rappelle avoir vu tomber une partie de l'illustration de l'empire, des fronts superbes dépouillés de leur glorieuse couronne, leurs lauriers traînés dans la fange. Oh! c'est alors où mon cœur a redoublé d'énergie pour leurs malheurs par la brûlante sympathie. Plein d'amertume, je me résignai avec douleur à l'anéantissement de ma chère patrie. Je gémis longtemps sur l'infortune du grand capitaine, en maudissant le sort cruel qu'il éprouvait dans sa captivité, et dans laquelle l'ancien maître du monde ne pouvait faire un pas qu'avec l'escorte des geoliers de Ste Hélène; je me nourrissais sans cesse du souvenir de ces glorieuses époques où le vainqueur, entouré d'une foule de rois, était reçu sur son passage par un enthousiasme sans exemple du peuple français, qui ne cessait de lui prodiguer l'encens de sa reconnaissance et de son sincère attachement. Oh! cette époque et Ste.-Hélène, que de pénibles réflexions!

Je rentrai donc dans ma famille, du moment où j'obtins ma libération définitive : abreuvé que j'étais du noir chagrin d'avoir vu en un instant répudier le drapeau d'Austerlitz, de Marengo et des Pyramides par un prince qui, non-seulement venait de licencier les glorieux débris de notre armée, mais encore de ratifier l'abandon de toutes nos conquêtes. Je restai quatorze ans à me livrer à l'industrie, quand 1830 vint tout-à-coup me donner l'occasion de reprendre les armes, tant pour laver les injures que j'essuyai en 1815, que pour aider la branche cadette des Bourbons, qui réunissait depuis longtemps toutes mes affections, à succéder à l'aînée, qui venait, par de fatales Ordonnances, de mettre la France en péril pour ses libertés.

Je n'ai ni le projet, ni la prétention d'écrire ici l'histoire de la Révolution de Juillet; dans l'humilité qui me domine, je me bornerai à rappeler ce que j'ai vu et ce que j'ai fait pendant ces trois immortelles journées.

Les Ordonnances parurent au Moniteur universel le 26 Juillet au matin. Cet abus du pouvoir plongea Paris dans une consternation profonde; mais la population sortit bientôt de cet état momentané de stupeur pour prendre un caractère d'hostilité qui donnait à juger de sa ferme résolution à lutter contre un gouvernement dont la flagrante impunité venait de se jouer de ce qui pouvait rester de garanties à la nation. On ne doutait pas que Charles X ne tentât les efforts les plus désespérés pour soumettre le pays à l'obéissance ; on pressentait l'imminence des dangers qui menaçaient les hommes assez courageux pour proclamer la résistance, et cependant on fut unanime sur ce point, qu'il fallait résister.

Les rassemblements commencèrent dans la rue St.-Honoré et celles adjacentes, où un seul cri, *Vive la Charte!* se faisait entendre par les acteurs du drame qui allait se dérouler. La Garde royale, formée en colonne serrée, arrivait par toutes les issues : cette troupe, par son ferme maintien, nous laissait deviner qu'elle aussi était décidée à ne pas enfreindre les ordres qu'elle avait reçus. A 5 heures du soir les charges commencèrent sur le peuple, et ne cessèrent qu'à 11 heures pour recommencer le lendemain.

Le 27 et la nuit du 28 se passèrent en organisation sérieuse et à la fabrication de cartouches.

Le XIe arrondissement, auquel j'appartenais, avait ressenti toute l'influence des attaques du 27 : aussi, dès ce jour et jusqu'au 28 au matin, aidé de *M. Urguet de St.-Ouen*, alors Secrétaire en chef de la Cour de Cassation, mon ami intime, et de tous les habitants du quartier, nous organisâmes une colonne prête à repousser l'envahissement du pouvoir; cette colonne, approximativement, pouvait être de 1,800 hommes.

J'en pris le commandement tel qu'il venait de m'être dévolu, et nous marchâmes à 10 heures du matin à l'Hôtel-de-Ville.

Le canon se fit bientôt entendre, et arrivé dans la rue Haute-Feuille, par une allocution que je fis à ma colonne, je leur dis que peu habitué à hésiter et surtout après un appel si terrible, je devais compter sur leur valeur pour combattre les soutiens du pouvoir, comme ils pouvaient être assurés que la mienne ne leur ferait point défaut. Le cri général : *En avant!* me donna la certitude que la lutte allait s'engager entre eux et nous. Quelques minutes après nous franchissions le pont d'Arcole, où nous essuyâmes le feu d'un régiment suisse, qui m'enleva près de trente hommes tant tués que blessés. A mon commandement, un feu de file s'engagea, et pour éviter de faire détruire ma troupe par le feu meurtrier de nos adversaires, je la fis replier derrière les parapets du quai, où par une fusillade nourrie nous luttâmes de courage contre ces bataillons suisses. Il y avait près de deux heures que nous étions dans cette position, lorsque tout-à-coup j'entendis le feu d'une autre colonne qui débouchait par la rue Ste Avoye sur la place de l'Hôtel-de-Ville. Rassembler mes hommes, leur faire franchir le pont et arriver sur l'ennemi, ne me demandèrent pas dix minutes. C'est alors où ces bataillons, pris entre deux feux, battirent en retraite par échelons en nous faisant face par carrés.

Jamais phalange de braves ne fut plus courageuse. Aucune distinction d'opinions, d'intérêt politique ne présidait à l'action des combattants ; tous avaient un but commun : la résistance à l'illégalité imposée par la force !

Les citoyens armés appartenaient à toutes les nuances de l'opinion libérale, à toutes les classes de la société ; unissant leur courage dans l'unique but de défendre la Charte indignement violée, de renverser un trône qui voulait se poser sur les débris de nos institutions. Aussi, pendant la grande collision des Trois Jours, le seul cri de ralliement, dans lequel se confondaient les vœux de tous, se faisait seul entendre : *Vive la Charte!*

La lutte, on devait s'y attendre, fut longue et pénible de part et d'autre : depuis onze heures du matin jusqu'à huit heures de relevée, nous enlevâmes l'Hôtel-de-Ville quatre fois consécutives. Les Suisses se battaient en désespérés; ils recevaient à chaque heure de nouvelles forces qui venaient nous ravir un instant, par de nouveaux assauts, le succès que nous payions de notre sang; alors un autre combat s'engageait avec un acharnement horrible et qui causait la perte de beaucoup d'hommes. Enfin, après une lutte inouïe, à huit heures du soir, nous fûmes décidément maîtres de ce point important; nous établîmes des postes en assez grand nombre, et nous prîmes le repos qui nous était nécessaire, tant pour nous préparer à l'attaque du Louvre qu'à celle des Tuileries, que nous projetions pour le lendemain 29.

A trois heures du matin nous étions déjà en possession de l'Institut; nous étions formés près du pont des Arts faisant face au Louvre.

L'organisation pour l'attaque se préparait avec activité et résolution; j'en surveillais les points les plus importants. Rien ne troublait les apprêts du combat que quelques coups de fusils échangés de part et d'autre sans cependant qu'ils causassent d'inquiétude sérieuse. Il régnait dans nos rangs un enthousiasme inexprimable, qui me donnait la conviction que nous déploierions dans cette affaire une ardeur non moins vive que celle avec laquelle nous avions combattu la veille. D'autres colonnes faisaient les mêmes préparatifs pour que l'attaque, par les rues du Coq et de Saint-Germain-l'Auxerrois, soit simultanée. Bientôt près de deux mille hommes du faubourg Saint-Jacques, guidés par les élèves de l'école polytechnique, arrivèrent et vinrent nous renforcer; alors, par une fusillade bien nourrie nous donnâmes le signal du combat, et peu d'instants après, l'engagement était sérieux sur tous les points.

Nos hommes faisaient des prodiges ; ils affrontaient le danger avec un sang-froid vraiment héroïque. Les Suisses, de leur côté, se battaient avec le courage du désespoir : pris de toutes parts, ils nous vendaient chèrement leur vie ; mais ils ne pouvaient résister plus longtemps à nos efforts, et à midi, le sang avait cessé de couler ; les Suisses avaient abandonné le poste le plus important, et le Louvre était à nous.

Mais il nous restait à voler au secours de nos frères d'armes qui, dans ce moment, soutenaient l'attaque pour la prise des Tuileries. Leur tâche s'accomplissait, et nous arrivâmes au moment où ils s'en rendaient maîtres.

Le 29, à deux heures, le combat des trois jours avait cessé, l'armée de Charles X était en fuite, le trône renversé ; les troupes de ligne avaient déclaré faire cause commune avec la nation ; les couleurs nationales flottaient avec majesté sur tous les monuments, et l'opprobre d'un joug imposé se lavait dans le sang des martyrs des barricades.

Le 31 juillet, la Chambre des Députés décerna

au duc d'Orléans le titre de lieutenant général du royaume. Mon bonheur fut grand à cette nouvelle, prévoyant que bientôt il occuperait la place du trône que notre courage venait de lui donner, et que la coûronne ne tarderait pas à lui être dévolue.

L'ex-roi avait formé un camp à Rambouillet, où s'étaient groupés autour de lui divers corps de la garde royale; cette force armée entrenait dans la population un état d'irritation dangereuse. Le lieutenant général du royaume ordonna au général *Lafayette* de faire marcher six à sept mille hommes de garde nationale sur ce camp. Le 3 août, à huit heures du matin, je reçus l'ordre du général en chef de venir prendre, en qualité d'officier supérieur, le commandement d'une des colonnes placées sous les ordres du lieutenant général *Pajol*. J'arrivai aux Champs-Élysées, où le général, après m'avoir confié quatorze cents hommes, me fit mettre en route immédiatement. Partis à midi de Paris, nous arrivâmes à Coignières à sept heures du soir, et là au lieu de quatorze cents, j'eus à établir un bivouac de

4,000 hommes, mon détachement ayant éprouvé une augmentation d'effectif en route.

A une heure du matin, au moment où nous prenions nos mesures pour l'attaque du camp, je reçus l'ordre de rentrer à Paris, Charles X venant d'abandonner Rambouillet. J'opérai donc un mouvement rétrograde, et le 4, à trois heures de l'après-midi, je faisais rompre les rangs sur la place de l'Hôtel-de-Ville à 3,400 hommes revenus de cette expédition, en présence du général *Lafayette* qui s'y trouvait et qui vint m'offrir ses sincères compliments sur le bon ordre et la sévère discipline que j'avais fait observer à ma troupe pendant cette expédition ; quelques jours après je recevais les mêmes félicitations de M. le lieutenant général *Pajol.*

Le bon sens public avait compris qu'il fallait se hâter de réédifier un gouvernement, de lui donner la consistance nécessaire. Tous les excès étaient à craindre : chaque retard créait un danger.

Ce point convenu, quel homme pouvait offrir plus de garanties que le duc d'Orléans? soldat de la révolution, dans sa jeunesse, il fut nourri des principes que nous avons adoptés. Depuis son retour en France, il a toujours entretenu des liaisons avec les principaux organes de l'opposition libérale. Enfin, l'intérieur de sa famille parlait hautement de ses vertus domestiques. En présence de tant et de si graves considérations, les élus de la France s'empressèrent de mettre un terme à la vacance du trône et de proclamer Louis-Philippe roi des Français.

La catastrophe de 1830 était trop récente, et les esprits encore trop animés pour qu'une tranquillité parfaite puisse régner. Nommé le 8 août, par les suffrages de mes concitoyens, capitaine commandant les grenadiers de 3e bataillon de la XIe légion, de la garde nationale de Paris, je fus bientôt appelé à rendre de nouveaux services. Notre devoûment devait être sans borne pour soutenir un trône que nous venions d'élever; et, sans aucune restriction, nous devions faire tête à l'orage en nous multipliant autant que possible, et paralyser le désordre en anéantissant l'hydre de l'anarchie qui semblait menacer la sécurité du gouvernement, surtout à l'approche d'un procès sérieux dont l'écho devait retentir non-seulement en France, mais encore à l'Étranger.

L'organisation de la Garde Nationale fut spontanée ; et, depuis l'avènement du Roi au trône, elle eût à soutenir chaque jour, dans l'intérêt de l'ordre, la présence d'une émeute plus ou moins caractérisée. Les différents partis, non satisfaits de l'ordre gouvernemental existant, s'entrechoquaient, ou se réunissaient pour augmenter le nombre des mécontents et faire connaître, par des démonstrations hostiles, la volonté sincère qu'ils avaient d'un nouveau renversement de dynastie. Nous eûmes donc à opposer une résistance presque continuelle aux rassemblements de ces différents partis, depuis le mois de septembre, époque où l'émeute prit un caractère très-offensif.

Le 17 octobre, à quatre heures du soir, j'étais commandé, avec ma Compagnie entière, dont l'effectif était de trois cent cinquante-sept grenadiers, pour parcourir le XIe arrondissement, et prévenir, par cette force imposante, l'augmentation d'une émeute qui prenait un caractère extrêmement dangereux de gravité, vis-à-vis du Palais-Royal, résidence alors du Roi et de sa famille. M. *le comte de Sussy*, notre colonel, me sachant sous les armes, m'ordonna de me transporter sur les lieux du rassemblement, et de coopérer, avec les troupes qui devaient s'y trouver, au rétablissement de l'ordre. Je commandai le pas de course, et, dix minutes après, nous étions formés en bataille devant la grille du Palais, faisant face au corps de garde du Château-d'Eau.

Je concentrai mes forces autant que me le permit la localité, et, par une manœuvre que je fis faire à la seconde division de la compagnie, nous nous rendîmes maîtres des rues Richelieu et St. Honoré : c'est alors où nous pûmes disséminer les assaillants, et parvenir, par des difficultés sans nombre, à empêcher ce torrent menaçant de pénétrer dans les appartements du Roi, ainsi que le manifestèrent plusieurs députations qui me furent adressées, et qui dissimulaient à peine les perfides desseins qu'elles voulaient mettre à exécution. Je fis charger les armes de ma Compagnie, et la ferme résolution que nous montrâmes de résister à toute attaque de leur part, nous fit bientôt connaître que la nuit, quoique laborieuse, nous assurerait, par l'unité qui existait entre nous, un succès réel.

Nous restâmes sous les armes continuellement, et ce n'est qu'à cinq heures du matin où, remplacé par la deuxième légion, je pus faire prendre deux heures de repos à ma Compagnie ; car, par une circonstance assez singulière, je devais venir monter la garde à dix heures audit Palais.

Nous fûmes ponctuels, et nous arrivâmes en grande tenue au poste, sans qu'il manquât un seul homme, malgré les fatigues qui nous accablaient. Les fusils étaient à peine mis au ratelier, que le grenadier en faction nous rappela aux armes par un cri de *Vive le Roi*. C'était en effet Sa Majesté Louis-Philippe, qui venait nous honorer de sa présence, et nous témoigner avec un charme tout particulier combien elle avait été touchée de notre conduite pendant la nuit précédente. Nous la remerciâmes de sa bienveillante démarche, et en l'assurant de la continuation de notre attachement, nous lui renouvelâmes le même dévoûment. Le soir, Sa Majesté daigna de nouveau appeler une députation de la Compagnie, et dont je faisais partie. Elle nous confirma alors ses paroles du matin; et, en nous affirmant qu'elle n'oublierait jamais les services que nous rendions journellement, elle était satisfaite de m'en témoigner son auguste gratitude, et m'offrit de M'ADRESSER A ELLE EN TOUTE CIRCONSTANCE (Voir la pièce n° 1, aux pièces justificatives).

Cette réception me reporte au 21 septembre, un mois auparavant, où nous eûmes déjà l'honneur d'être reçus par Sa Majesté, à laquelle j'eus le bonheur de remettre, ainsi qu'à la Reine et aux Princes, le rendu compte du banquet que la Compagnie avait offert à ses officiers, le 15 septembre, et à la suite duquel un incident s'était présenté par suite d'une demande de quelques réfugiés belges (Voir le Moniteur du 21 septembre, n° 2, et la pièce n° 3, aux pièces justificatives).

La Chambre des Pairs, convoquée en cour de justice, devait commencer le jugement des ex-Ministres, le 15 décembre 1830. Je ne rappellerai pas ici les crises continuelles de cette époque; elles sont connues : mais il me sera permis de dilater mon cœur par les souvenirs de l'importance des services que cette belle et honorable Compagnie a rendus dans ces pénibles et difficultueuses journées, où sans cesse elle devait être sous les armes, puisque le Palais du Luxembourg faisait partie de sa circonscription. Combien j'étais fier et heureux de compter toujours présents trois cent cinquante grenadiers, qui, tous citoyens honorables et paisibles, quittaient leurs foyers sans murmure, pour venir s'exposer aux insultes d'une populace effrénée, qui heureusement n'avait aucune similitude avec nos bataillons héroïques de Juillet! . . . . . .

Deux jours avant le commencement des débats, nous étions de nouveau aux prises avec l'émeute qui ne nous donnait point de relâche; mes grenadiers ne prenaient aucun repos : constamment sous les armes, leur position était extrèmement pénible : moi-même je souffrais d'une blessure qui s'était rouverte, et dont la douleur était inouïe. Mais, malgré tout, nous devions redoubler d'ardeur pour repousser la force par la force, et arriver à un dénoûment dont le résultat était d'assurer un libre cours à la justice.

Le 21, nous arrivions au terme de nos fatigues, lorsque le général *Tourton*, qui commandait la brigade, me donna ordre, à sept heures du soir, de dissiper les rassemblements de la rue de Tournon, et de dégager le Luxembourg de cette foule menaçante. Je n'hésitai pas un seul instant, et nous nous mîmes en marche, malgré la lassitude qui nous accablait. Arrivé dans la rue de Seine, vis-à-vis de celle des Quatre-Vents, je dus prendre une détermination, sévère à la vérité, mais qui réussit sans autre accident qu'un coup de couteau qui, en me faisant une légère blessure, m'enleva une partie de la manche gauche de ma capote et la torsade de mon épaulette.

Le Commissaire de Police du XIe arrondissement, M. *Prunier Quatremère,* magistrat zélé, et à qui je me plais à rendre cette justice, s'était porté dans la rue de l'Odéon, où son devoir l'appelait. Les moteurs du désordre ayant signalé son absence, demandèrent en nous assiégeant de pierres et d'autres projectiles, les sommations respectueuses. Le moment était critique, et il n'y avait pas un instant à perdre, si nous ne voulions nous laisser percer. J'appelai mon tambour, et me portai vingt pas en avant; je lui donnai l'ordre de faire trois roulements, après lesquels je leur fis des sommations à ma manière. Elles ne produisirent d'autre effet qu'un redoublement d'effervescence dans l'attroupement. Alors, par une détermination prompte, je fis battre la charge, croiser la baïonnette, et sans m'arrêter je réduisis tout ce qui voulut résister. J'arrivai sur le Pont-Neuf quelques minutes après, où plusieurs coups de feu furent tirés sur nous, et qui heureusement n'atteignirent personne; mais au même moment un de mes grenadiers avait le bras traversé d'un coup de couteau (*).

(*) M. Franck, qui fut décoré.

Je continuai ma marche, et balayai sans pitié ces énergumènes qui ne cessaient de vociférer, en nous lançant avec un redoublement de fureur tout ce qu'ils trouvaient, tels que lampions, réverbères cassés, etc., etc., les cris de *Vive Charles X, le duc d'Angoulême et Henri V* (voir le Constitutionnel du 23 décembre 1830, aux pièces justificatives, n. 4), et je vins à la rencontre de S. A. R. le duc d'Orléans, qui se rendait à la Chambre des Pairs, suivi de son état-major. Il s'approcha de moi, et dans les termes les plus flatteurs, il me dit, en me prenant la main, qu'il n'était point étonné de nous trouver, car partout où le danger existait, l'on était sûr de nous y rencontrer (*).

(*) La mort de ce Prince fut un deuil général pour la France, et j'en fus plus affecté que tout autre. Il méritait à tous égards les regrets que l'on a donnés à sa mémoire. Combien cette perte me fut sensible! Dans différentes occasions, il ne m'avait pas laissé ignorer qu'il gardait le plus précieux souvenir de mon dévoûment à son auguste famille; et toutes les fois que les circonstances me permirent de l'approcher, il redoubla

L'arrêt de la Cour des Pairs était prononcé : les ex-Ministres, condamnés à la prison perpétuelle, venaient d'être reconduits à Vincennes, et toute manifestation ayant cessé dès-lors, nous pûmes enfin, après dix jours d'un travail excessivement pénible, goûter un repos réparateur, que pendant toute la durée du procès il ne nous avait pas été permis de prendre, ainsi que l'atteste le Grand Référendaire de la Chambre des Pairs et le général *Feisthamel,* commandant alors les forces supérieures du Luxembourg (Voir aux pièces justificatives, les n. 5 et 6).

---

d'aménité pour moi. Aucune prière de protection n'eut lieu de ma part envers lui, et je lui laissai toujours ignorer ma position ; mais la chaleur qu'il mettait à ne pas me laisser douter de son affection, me donnait aussi l'heureuse assurance d'être compris par lui.

Je l'ai regretté et le regrette sincèrement ; et si, un jour, ses fils ont besoin de l'appui des miens, qui tous deux servent sous les drapeaux, les principes que j'ai inculqués à ceux-ci à cet égard ne les feront point faillir. Quant à moi, je leur assure, ainsi qu'à leur famille, un dévoûment sans bornes.

Oui, moi aussi, je l'affirme sans craindre aucune contestation : Nous avons su faire respecter l'autorité de la justice, et en empêchant l'aveugle barbarie des insensés perturbateurs, qui demandaient à grands cris la tête des Ministres, de commettre un crime qui eût rappelé en quelque sorte la Terreur de 93, nous leur avons épargné un assassinat. Je rends de nouveau hommage à mon infatigable Compagnie pour sa patience, sa persévérance à achever un devoir sacré qu'elle devait accomplir pour elle, pour sa dignité et principalement pour consolider le gouvernement, que des moments aussi périlleux pouvaient mettre en danger.

Quelques jours après ces troubles, je reçus une invitation de dîner chez M. le Grand Référendaire de la Chambre des Pairs. Cette réunion brillante était honorée de LL. AA. RR. les ducs d'Orléans et de Nemours, de MM. les Ministres de la Guerre et de l'Intérieur, et de tous les officiers-généraux composant l'état-major de la Place de Paris. J'étais la seule personne de mon grade parmi ces hauts personnages; mais sans orgueil de ma part, je fus accueilli avec distinction, et les éloges que je reçus sur ma conduite pendant ce procès, me restent encore présents à la pensée. M. le *comte de Montalivet,* alors Ministre de l'Intérieur, me tint des propos extrêmement gracieux, et voulut bien me dire, d'une manière très-affable, que si jamais il pouvait m'être utile et agréable, il s'estimerait bien heureux; cependant, je l'avoue, rien ne me flatta davantage que les propos de l'illustre *maréchal Soult :* cette sollicitude qui accompagnait les louanges qu'il m'adressait, me donna l'assurance, je ne chercherai point à le dissimuler, que j'avais pu être de quelque utilité dans nos journées de perturbation. Longtemps je me rappellerai les dignes paroles d'une de nos gloires de l'époque et d'un des plus grands lieutenants de l'empire : « *Capi-* » *taine Peloux, votre conduite est au-dessus de* » *tout éloge; j'en conserverai longtemps le souvenir.* »

Peu de personnes poussaient plus la reconnaissance de cette époque envers moi que M. le *marquis de Semonville;* avec quelle générosité d'âme il se plaisait à me rappeler, dans tous les moments d'entretien que j'eus avec lui depuis, nos fatigues et l'abandon que nous faisions en quelque façon de nous-mêmes pour nous livrer entièrement au rétablissement de l'ordre pendant ce fatal procès! Avec quelle énergie il me pressait les mains, en me persuadant que jamais il n'oublierait ce que j'avais fait pour des malheureux, qui étaient à chaque heure, à chaque instant du jour menacés d'être égorgés dans leur prison par une multitude effrénée, et livrés à la fureur sanguinaire de ces misérables, qui ne voulaient en ce moment que meurtre et pillage, et qui s'efforçaient, par tous les moyens possibles, de satisfaire cette passion désordonnée!

Oui, vertueux marquis de Semonville : votre aménité pour nous nous encourageait à redoubler d'activité pour étouffer ces mouvements populaires, et je ne suis pas le seul qui aie su apprécier combien furent grands les effets de votre puissance à cette terrible époque. Jamais je n'oublierai le bonheur avec lequel vous ne cessiez de me dire que le gouvernement ne pouvait s'empècher de reconnaître ce que j'avais fait pour lui, et que jusqu'au tombeau je vous trouverais sans cesse disposé à chercher, par votre intercession, à lui faire acquitter la dette d'honneur qu'il contractait envers moi par les services positifs que je rendais, services qui devaient me donner lieu d'espérer un résultat avantageux. Vous m'avez plus offert encore en maintes circonstances : votre bourse ; je m'empressai de refuser, car j'étais plus heureux, et j'attachais une valeur plus positive aux bontés que vous me prodiguiez, qu'à cet argent, qui à mes yeux n'avait aucun titre au prix de votre amitié envers moi. Si le tribut de reconnaissance que je vous paie aujourd'hui, peut vous faire entendre ma voix, vous reconnaîtrez que je suis sincère, lorsque ému par tant de gages d'amitié de votre part, je vous en assurais ma gratitude éternelle. Votre mort instantanée fut un coup de foudre pour moi, un malheur de plus à mes calamités.

Depuis deux mois la tranquillité renaissait dans Paris ; le jugement qui avait frappé les ex-Ministres paraissait avoir apaisé l'irritation des esprits, et rien ne semblait présager de nouveaux troubles, lorsque le 14 février 1831, un service funèbre, célébré à la mémoire du duc de Berry, dans l'église de Saint-Germain-l'Auxerrois, vint tout-à-coup réveiller l'animadversion d'une partie des habitants de la Capitale contre cette dynastie.

Par un mouvement spontané, cette église et l'archevêché furent envahis, dévastés en moins de quelques heures, d'une manière effroyable. A cet aspect, la générale battit dans tous les quartiers, et aussitôt que la XIe légion fut rassemblée, le bataillon duquel je faisais partie reçut ordre de se porter sur le théâtre du désordre. Nous y restâmes cinq heures, au bout desquelles je fus rappelé avec ma Compagnie pour venir au secours du grand séminaire situé place Saint-Sulpice, qui subissait un siége depuis près d'une heure, établi par des agitateurs dont l'aveugle débordement venait de briser toutes les vitres et croisées de l'établissement, et qui tentaient d'ébranler les portes pour en faciliter l'entrée.

Le danger était imminent, et les séminaristes, menacés dans leur retraite, allaient être impitoyablement maltraités, si de prompts secours ne leur fussent venus en aide. Je perçai la foule au pas accéléré et en colonne serrée, et vins prendre possession des abords du séminaire. Par notre attitude sévère nous montrâmes aux malveillants que nous étions prêts à soutenir l'ordre et empêcher toute tentative criminelle contre ces religieux. Nous paralysâmes, après quelques heures de résistance, les progrès de la sédition, et bientôt, secourus par un régiment de ligne et un bataillon de la Xe légion, nous eûmes la satisfaction de prévenir toutes suites funestes qui pouvaient de nouveau être tentées contre cet établissement.

Nous bivouaquâmes deux jours sur la place Saint-Sulpice, où nous faisions cause commune en fraternisant avec la troupe de ligne et la garde municipale.

Dans ces désordres, je reçus, à sept heures du soir, un coup d'un instrument tranchant qui me fit une blessure à la hanche; cette blessure, bien que légère, nécessita cependant l'apposition d'un appareil que je conservai pendant vingt-quatre jours. Un grenadier aussi fut atteint d'un coup de poignard, et mon tambour, le nommé Ruelle, reçut une pierre dans le bas-ventre, qui lui occasionna une forte contusion.

Le 14 juillet 1831, premier anniversaire, depuis la révolution de Juillet, de la prise de la Bastille, exigea de la part de l'autorité un déploiement de force tellement grand, que toute la garde nationale fut appelée sous les armes. Le parti républicain avait décidé la plantation de trois arbres de la liberté sur trois points différents, et tous les ennemis du gouvernement semblaient vouloir profiter de cette manifestation pour se préparer à une collision sérieuse.

Le soir même, à la tête de ma Compagnie, je soutins le choc assez grave d'une troupe très-nombreuse de séditieux, qui venaient par surprise de désarmer le poste de la place Saint-André-des-Arts composé de huit hommes de ma Compagnie. Ce premier succès avait lieu de les enhardir dans leurs projets et semblait leur assurer l'impunité; ils ne pensaient point rencontrer la résistance que nous leur opposâmes, et le moment de leur arrivée près de nous fut aussi celui de leur mise en déroute.

Je rappellerai ici une circonstance assez bizarre, et qui du reste n'eût d'autre intérêt pour moi que celui de me procurer un moment d'hilarité. Je reçus, par l'intermédiaire de la mère de mon tambour, une lettre signée de plusieurs individus, tous personnages supposés, puisque, malgré quelques recherches, je ne pus découvrir un seul d'entre eux, par laquelle on me menaçait de me pendre à un réverbère le jour même où je recevrais cette lettre. Je ne pus que rire de telles puérilités, et je suis encore à remercier son auteur de n'avoir point essayé de pareilles tentatives : d'ailleurs il doit s'en applaudir, car, s'il connaît ma manière d'agir, la réception à laquelle il devait s'attendre ne lui laissait aucun doute que je n'étais disposé à me laisser accrocher ainsi que j'en étais menacé.

Sans calcul d'intérêt, j'ai donné dans toutes les circonstances critiques où je me rencontrai, force et impulsion énergique aux sentiments patriotiques qui m'animent pour le gouvernement; et plus tard, quand je fus appelé à rendre d'autres services, quand de nouveaux dangers, troublant le repos de la Capitale, réclamèrent encore le concours de mon bras, je n'ai jamais hésité à répondre à cet appel, et fus toujours assez heureux pour voir mes efforts couronnés de succès. Je me félicitais alors, car mon cœur a constamment battu du désir ardent de voir cimenter les bases d'un trône qui promettait gloire et prospérité à ma patrie. Je crois ne pas m'être trompé, et c'est dans cette conviction que j'éprouve la satisfaction d'avoir rempli noblement mon devoir et avec le désintéressement digne d'un homme de mon caractère.

En traçant ces quelques pages, j'ai écrit sans haine et sans crainte; j'ai cherché la vérité de bonne foi et continuerai de la dire avec franchise, sans m'inquiéter si elle me fera des amis ou des ennemis, malgré que je sache que ces derniers sont toujours plus ardents à nuire que les premiers à être utiles. Je me bornerai donc à ne parler ici que des personnes auxquelles je dois de la reconnaissance pour avoir pris une part constante à mes malheurs, lorque je fus supprimé de mon emploi, et rangerai dans le plus parfait oubli les noms de celles qui ont cherché à me nuire au moment où l'adversité, m'accablant de son poids affreux, me portait presque au désespoir.

Je dois vous adresser le tribut de ma gratitude, M. le *marquis de Dalmatie*, vous, qui le premier êtes accouru à mon secours; je vous dois mes remercîments, puisque sans me connaître et sur la seule recommandation d'une personne de la plus haute distinction, qui vit dans votre intimité et qui vous instruisit de mes services, vous êtes venu adoucir mon sort et calmer mes inquiétudes.

La reconnaissance n'est un fardeau que pour les cœurs méchants et corrompus, et la mienne est trop au dernier paroxisme envers vous pour oublier un seul instant vos démarches, vos bontés, vos continuels et bienveillants accueils et enfin la position que j'occupe en ce moment. Vous n'avez pu faire mieux, je le sais; ma vive gratitude ne vous en est pas moins acquise, et j'ai la persuasion que vous ne me laisserez point dans une situation aussi obscure, et que si vous m'avez tendu une main, ce n'est point celle que l'on tend à un homme qui se noie pour ensuite le laisser mourir sur la berge. Non! non! mon âme ardente qui sait juger le bien et le mal, a pu apprécier votre noble cœur, il répond à l'illustration de votre honorable nom.

Et vous, M. le *comte de Sussy,* je dois aussi vous payer une somme énorme de sollicitude pour toutes les marques d'attachement que vous m'avez prodiguées. Oui, vos généreux sentiments vous excitent sans cesse à faire le bien, et si j'ai perdu par la mort de votre respectable père, vous m'en avez dédommagé autant que vous l'avez pu par une constante et bienfaisante amitié. Recevez, ainsi que M. le *marquis de Dalmatie,* tout ce que peut donner un cœur qui palpite d'émotions et de bonheur à vous dire combien il vous est redevable, et qui cependant ne sera heureux qu'après vous l'avoir prouvé.

Le gouvernement provisoire, voulant récompenser mes services, demanda au Commissaire des Finances une place avantageuse en ma faveur dans son département. M. le *baron Louis* ayant appris quelque temps après que j'appartenais à la XIe légion, s'informa près de son colonel de ma position. M. le *comte de Sussy,* je le dirai sans fatuité, dans l'intérêt de me conserver au commandement de ma Compagnie, réclama au Ministre une mutation dans le personnel de l'administration qu'il dirigeait, en lui donnant la certitude que par cette vacance il pourrait m'appeler auprès de lui et donner par là une preuve non équivoque du désir qu'il avait de faire quelque chose en faveur des personnes qui ont combattu en Juillet.

Le 1er octobre 1830, je fus donc nommé à un emploi dans les bureaux de la Commission des Monnaies, aux appointements de 3,000 francs, avec le logement. M. le *comte de Sussy,* pair de France, président de la Commission des Monnaies, mon colonel, en me témoignant le regret qu'il avait de m'offrir une place si peu rétribuée, quand j'en quittais une que j'occupais dans un des premiers Établissements de Messageries de Paris, et dont les émoluments s'élevaient à

5,000 francs (Voir aux Pièces justificatives, la Pièce nº 7) s'empressa de me témoigner le plaisir qu'il avait de me réunir à lui par l'effet de cette nomination.

J'occupai cet emploi et celui de contrôleur au change jusqu'en 1837, époque où une économie de budjet vint prononcer ma suppression, ainsi que celle de dix-huit autres fonctionnaires de la même administration (Voir aux Pièces justificatives, la Pièce nº 8).

Mais un malheur plus grand encore que cette suppression, vint à la même époque s'appesantir sur moi, c'est la mort de M. le *comte de Sussy*. A dater de ce terrible évènement, je compris l'étendue de la triste position dans laquelle j'allais me trouver. L'avenir ne m'a que trop prouvé que mes prévisions étaient fondées.

Qu'il est affreux le souvenir de la mort de ce protecteur; qu'il est poignant le chagrin que je ressentis lorsqu'il rendit le dernier soupir! Certes, la perte que j'éprouvai était pour moi aussi sensible que si j'eusse vu succomber mon père, et la mémoire de ses bienfaits et de la bienveillance qu'il n'a cessé de m'entourer, est gravée en moi avec des caractères ineffaçables. Ah! si quelquefois il a pu compter des ingrats parmi les personnes sur lesquelles il s'est plu à répandre le bien, je ne suis point de ce nombre : mes regrets éternels l'ont accompagné dans la tombe, et ce trépas horrible a laissé dans mon cœur une plaie qui ne se cicatrisera jamais!

Sans emploi, mes protecteurs morts ou en partie, trois enfants presque encore en bas âge, telle était ma position le 1er janvier 1838.

L'infortune, qui m'accablait et qui, chaque jour, étendait de plus en plus son manteau d'afflictions sur ma famille, me détermina à demander au Ministre des Finances (M. Lacave Laplagne, homme juste et intègre) ma réintégration à une place du gouvernement. Je fus admis dans son cabinet, par suite d'une demande d'audience, et n'eus qu'à me louer du vif intérêt qu'il parut prendre à ma situation. J'ai conservé la certitude que j'aurais ressenti les effets immédiats de cet intérêt, si, comme je m'en suis convaincu, il ne se fût rencontré, sur mon chemin, des personnes officieuses, ayant en horreur les *Hommes de Juillet*, qui s'empressèrent, malgré leurs perfides démonstrations envers moi, de me nuire dans l'esprit du Ministre.

Je sollicitai avec instance, pendant trois années consécutives; mais toutes mes démarches furent vaines. Je ne pus surmonter les obstacles qui m'étaient opposés, ou n'obtins que promesses sur promesses, et rien de plus; le parti de ces dispensateurs étant irrévocablement pris d'éliminer les hommes de la révolution. Aussi, le cœur affligé de tant d'insuccès, découragé, redoutant chaque jour le moment où mon vaisseau allait se briser contre de tels écueils, je ne pouvais que gémir et me renfermer dans une stérile résignation, en voyant ces hommes qui, comprenant si imparfaitement leur mandat, oubliaient le passé, encore peu éloigné, avec tant de persévérance.

Je l'avouerai sans détour : cette longue agonie me portait souvent à des réflexions tellement pénibles que je ne pouvais croire encore à des procédés semblables. J'ai fait preuve d'un dévoûment rare pour la dynastie actuelle; je sacrifiai, à son avènement au trône, une place dans une administration particulière, qui m'avantageait beaucoup plus que celle qui m'a été offerte, comme récompense nationale, par le Ministre des Finances. Sept ans après, j'en étais privé; et, s'il advenait, me disais-je, que l'édifice que nous venions d'élever avec tant d'efforts, et au prix de notre sang, vînt à s'écrouler, il ne me resterait que la misère en partage, l'exil et ses douleurs en perspective.

C'est en vérité une chose sérieuse que l'appréhension d'une position aussi éventuelle; elle porte à des méditations si extraordinaires que l'on ne peut qu'accuser la fortune d'inconstance, et dont l'instabilité engendre des tribulations et des vicissitudes, qui souvent portent l'homme le plus énergique à douter de son courage pour pouvoir se rendre maître d'une telle adversité.

Il était douloureux pour moi, je le dirai, de me voir le jouet de ces hommes qui nous devaient leurs positions, à nous *Hommes de Juillet;* j'étais indigné d'être sans cesse éconduit par eux. A eux seuls je dois la cause de l'amertume qui m'abreuva pendant trois années entières : et cependant, que sont-ils? hommes sans courage et sans vertus civiques, ils ont su, par leur astuce, profiter d'une révolution que nous avons faite ; ils ont monté sur nos épaules pour arriver au faîte où ils sont parvenus, et maintenant ils méprisent leurs bienfaiteurs ; ils lacèrent le sein qui les a réchauffés, et cherchent, par tous les moyens possibles, à étouffer le cri de la souffrance, qui vient troubler leur repos! Ah! si l'ordre gouvernemental venait à chanceler sur ses bases; si la France éplorée avait encore à craindre l'anarchie, viendraient-ils à la tête de nos légions faire respecter nos institutions et nos lois! Non : il faut des poitrines plus nobles et mieux trempées que les leurs, pour opposer une barrière aux flots du désordre : c'est là cependant où je les attendrais, et c'est là aussi où je pourrais goûter le plus doux moment de la vengeance, car le danger qu'il y aurait à vaincre ne serait affronté que par des hommes qui, comme moi, ne dégénèrent jamais.

Il est à déplorer vraiment que ces hommes, qui n'ont pas une part d'intelligence plus grande que la nòtre, aient pu bénéficier de notre ouvrage ; mais cela est et devait être : il est par le monde un nombre d'individus qui observent dans un retranchement où le plomb ne peut les atteindre, de quel côté tourne la chance du combat, et qui, lorsque l'heure du succès a sonné, vont saluer le dieu de la Victoire, font jouer les ressorts de l'intrigue pour occuper la place de leurs prédécesseurs, autres dispensateurs, mais plus malheureux, tandis que les hommes qu'on appelle *Hommes de Juillet,* encore chauds de la mêlée, encore noircis par la poudre, vont calmer les angoisses de leur famille, qui, appréhendant l'instant de leur réunion, adressait des vœux au ciel pour qu'une balle meurtrière ne vienne pas frapper celui qui se doit encore à leur conservation.

Cette révolution, qui devait changer la face de tant de choses, devait aussi changer l'esprit des hommes. Sous l'empire, ceux qui avaient la direction des affaires s'empressaient de signaler au souverain le mérite et le courage : Napoléon, lui-même, ne laissait rien qui puisse altérer sa reconnaissance à l'énergie et à la bravoure. Louis XVIII dédommagea les hommes qui lui restèrent dévoués par un milliard; son successeur ne distribuait ses faveurs qu'à ses courtisans et ses fidèles. Maintenant, l'on affecte d'oublier les partisans du gouvernement, qui, non-seulement, ont payé de leur personne, mais qui ont fait aussi des sacrifices énormes de fortune, lorsque les circonstances l'ont exigé.

Ah! la verge du mépris doit flageller ces gens qui, par leur incurie à secourir ceux qui se réclament d'eux, érigent souvent de zélés partisans en ennemis acharnés du gouvernement.

Le Roi, j'en ai la conviction, a constamment ignoré ma position. Je voulais me renfermer dans la gloire de lui avoir été utile; c'était à mes yeux une des plus belles pages de mon existence; et souvent, lorsque des personnes qui m'intéressaient, déplorant un tel abandon, m'encourageaient à livrer à la publicité des journaux mes services rendus et ma position actuelle, je rejetais leur proposition, car j'étais plus heureux de les laisser dans l'oubli, que de les proclamer et de les prêter comme armes aux dissensions civiles.

Je compris cependant, trop tard à la vérité, que mon attente était vaine; mes droits, longtemps oubliés, détruisirent l'illusion dans laquelle je me plaisais à me bercer. C'est alors où mon courage se réveilla tout-à-coup, et je cherchai dans l'industrie des ressources devenues de première nécessité, pour le soutien de mes enfants, honteux d'avoir compté un seul instant sur l'exécution des promesses qui m'avaient été faites.

Je m'efforçai donc de parer aux coups que la fortune rebelle ne cessait de m'accabler, pénétré des maximes, que l'homme fort qui se trouve aux prises avec la nécessité, doit dans cette occasion manifester toute sa puissance, tandis que l'homme faible, au contraire, se laisse abattre par le fardeau de la vie, et essaie à peine de réagir. Le travail, l'étude sont donc les plus puissants leviers que le nécessiteux puisse employer pour soutenir ce fardeau, c'est ce que comprennent tous les hommes qui ont quelque valeur; c'est aussi le sentiment de cette vérité qui soutient le courage du malheureux, et lui fait vaincre les obstacles qu'il rencontre dans le cours de sa carrière.

Ainsi que je le dis plus haut, le seul parti qui me restait à prendre, n'ayant pu réussir à obtenir ma réadmission dans le Département des Finances auprès des différents Ministres qui se sont succédés, le 26 août 1840, j'allai trouver le concessionnaire du chemin de fer de Paris à Orléans, et lui demandai un emploi dans l'exploitation dudit chemin. Le 1er septembre, M. *Casimir Lecomte*, en m'informant de ma nomination à la place de chef des correspondances à la station de Corbeil, vint m'y installer et me faire reconnaître par mes subordonnés.

Cette place était lucrative, et l'organisation dont j'étais chargé réclamait une activité et des connaissances toutes spéciales. Le résultat en fut heureux et produisit à la compagnie un bénéfice auquel elle était loin de s'attendre. Il me sera permis de m'attribuer la gloire d'un succès qui a fourni en réalité, ainsi que je l'ai démontré, une recette de plus de 250,000 francs pendant le temps de ma gestion, en plus des recettes quotidiennes.

L'affluence considérable des voyageurs qui se portaient sur tout le littoral de cette province; soixante voitures que j'avais organisées, partant et arrivant chaque jour, et dont les maîtres de poste dans tout le trajet d'Essonne jusqu'à Sens étaient propriétaires, donnaient à cette nouvelle branche d'industrie un développement et des avantages positifs à ladite compagnie. Cet immense succès me suggéra l'idée de provoquer la prolongation du chemin de fer de Corbeil à Fontainebleau.

Ce point m'offrait, à moi qui avais la connaissance de ce qui se passait, et qui me trouvais par mes relations en contact avec des personnes qui pouvaient adopter mon projet avec empressement, plus qu'à tout autre, l'espoir d'une prompte exécution. D'un autre côté, M. le *comte de Montalivet*, que j'avais eu l'honneur de voir à Corbeil, et auquel j'avais fait part de mes intentions, s'empressa de me donner l'assurance que cette prolongation ne pouvait qu'être très-agréable au Roi, et qu'aussitôt son retour à Paris, il s'empresserait de soumettre à Sa Majesté l'état de choses existant.

Je saisis avec joie ce que M. l'Intendant-général de la Liste civile venait de me dire, et redoublai d'efforts pour l'organisation de la compagnie que je projetais, et travaillai sans cesse à ce qu'elle présentât des garanties sérieuses. Donner au Roi une nouvelle preuve de mon attachement par le résultat de cette entreprise, qui lui assurait moins de lenteur dans ses voyages au château de Fontainebleau, rehaussait mon courage, et je ne me donnai de repos ni nuit, ni jour, afin d'arriver à une prochaine réalisation.

Le 19 septembre, une réunion préparatoire eut lieu à Melun. Cent-dix-neuf propriétaires, les plus riches de la contrée, se trouvaient à l'hôtel-de-ville. La conséquence de cette réunion fut la création d'une commission appelée à juger cette question. Le 25 du même mois, une seconde assemblée eut lieu en présence de quatre cent-cinquante-six personnages notables, et, par un acte notarié, la Compagnie fut constituée et composée

de MM. Le duc de PRASLIN, député de Melun ;
Le général comte d'ASTORQ;
LEBEUF, député de Fontainebleau;
Le comte de LYONNE;
Le comte de SÉGUR;
GUÉRIN, propriétaire, adjoint de la ville de Fontainebleau;
CLÉMENT, avoué, adjoint de la ville de Melun;
GAREAU, propriétaire;
TANDOU, propriétaire.

J'en étais nommé le directeur, et MM. Henry les ingénieurs.

Ainsi qu'on le jugera par ces sommités de positions et de fortunes, nous avions lieu de croire à un succès immédiat et à l'approbation du gouvernement; nous ne redoutions point d'entraves, et déjà nous fixions le moment où le chemin pourrait être en pleine activité, heureux que j'étais de pouvoir offrir au Roi, par cette nouvelle position, toute la sécurité que mon dévoûment pouvait lui assurer.

A cette époque, le Roi vint à Fontainebleau. M. l'Intendant-général de la Liste civile nous demanda un plan diminué de notre ligne de parcours, pour le soumettre à Sa Majesté et lui demander son assentiment.

Il restait à consulter l'autorité ministérielle. MM. le *duc de Praslin* et *Lebeuf* rendirent compte au Ministre de ce qui se passait, et demandèrent son approbation. Mais nous n'avions pas prévu que le sous-secrétaire d'état du Ministère du Commerce se trouverait froissé de ce que la presse en général approuvait nos succès ; aussi fut-il formalisé et traita-t-il nos démarches d'hostilités, en nous disant que la question de la ligne de Lyon n'étant point encore agitée, il fallait se borner à attendre le résultat.

Me voilà donc encore une fois entravé par le pouvoir, et de nouveau condamné à rester dans l'inaction, à la veille de perdre 12,000 à 13,000 francs que m'avaient coûtés de frais mes plans, démarches, etc., etc. ; et après avoir donné la démission de mon emploi au chemin de fer d'Orléans, que ma place de directeur à celui de Fontainebleau avait dû nécessairement entraîner.

ENFIN, JE ME RÉSUME :

Depuis 14 ans que nous sommes régis par le gouvernement de Juillet, j'ai fait abnégation complète de moi-même, pour remplir noblement la tâche que je m'étais imposée, d'aider à affermir le trône de cette nouvelle monarchie; j'ai, pour le soutenir, exposé ma vie en maintes circonstances; j'ai fait le sacrifice d'une position plus avantageuse que celle que j'acceptai dans son intérêt, en 1830; je fis, sans hésiter aussi, des sacrifices pécuniaires nécessités par les occasions impérieuses qui se présentèrent lors de nos discordes civiles; j'ai, le 18 octobre 1830, empêché que le flot populaire ne déborde et n'envahisse la demeure du Roi, où il était à craindre qu'il laissât les traces funestes de son passage; j'ai largement contribué à sauver les ex-Ministres d'une mort certaine et à conserver le Palais du Luxembourg en paralysant les efforts d'une populace aveuglée par la fureur, par là j'ai aidé à préserver le pays d'une guerre intestine; j'ai empêché le pillage du grand séminaire de

Saint-Sulpice ; j'ai depuis, et dans toutes les occasions qui se sont offertes, fait preuve de courage pour maintenir l'ordre et apaiser les inquiétudes du gouvernement. Et maintenant, que suis-je? quels sont les effets que j'ai ressentis de mon labeur? quel est le résultat de mes services? Depuis 7 ans, aux prises avec les privations de tous genres, je me suis vu enlever l'emploi qui me permettait de vivre quoique avec sobriété ; j'ai vu rejeter, par les insinuations d'un personnage haut placé, un projet que j'avais créé par suite d'une dépense de 13,000 francs que je fis, et qui me promettait dans l'industrie sécurité pour l'avenir; enfin, je me suis vu plongé dans le néant, où j'eus à me préserver des étreintes de la misère.

C'était affreux que cette position! il est épouvantable de voir ses enfants s'endormir le soir avec l'appréhension du lendemain! c'est cependant ainsi que j'ai vécu pendant longtemps. Ah! que d'amers chagrins sont venus me trouver! que je déplorai de fois l'inertie des gens du pouvoir, qui affectaient de méconnaître mes droits à la reconnaissance d'un gouvernement qui n'avait encore rien fait pour moi : car je ne lui devais et ne lui dois encore rien, pas même la croix que je porte, parce que je l'ai payée noblement au prix de mon sang sur le champ de bataille, ainsi que l'atteste mon brevet (et celle d'officier de la Légion-d'Honneur, qui, deux fois me fut offerte, dans ces moments pénibles, ne m'a même point été confirmée). Ils n'écoutaient pas le cri de ma détresse, et cependant j'avais la preuve éclatante, écrite par des personnes dont l'attestation ne peut être révoquée en doute des services que j'avais rendus; j'en avais même un témoignage plus authentique encore, c'est l'empreinte que le fer des séditieux a tracée et qui rougit de sang plusieurs fois mon corps! Dieu, qui préside aux destinées, a-t-il décidé que mes services ne seraient payés que par l'indifférence et l'oubli!

Je ne viens point ici implorer le salaire de mes peine : dans tout ce que j'ai fait, je n'ai écouté que l'élan de ma conscience; mais ne suis-je point autorisé à demander s'il est équitable que la position honorable que j'occupais antérieurement à 1830, me soit enlevée impunément, et ne m'est-il pas permis de réclamer les ressources que j'avais à ceux qui les ont soustraites?...

Certes, mon âme ulcérée par tant d'injustices a bien acquis le droit de réprouver la manière dont les services rendus à la patrie sont récompensés. Je ne m'arroge point le privilége de critiquer les actes du gouvernement; mais ne puis-je déplorer cette répartition arbitraire des titres et emplois que certains dispensateurs font à leurs créatures, dispensateurs qui ont su, par leur astuce, s'emparer de l'esprit des Ministres ou de leurs représentants. A vous donc les honneurs, hommes nuls et qui n'avez jamais senti vibrer les fibres de votre cœur au mot de *Patrie*, vous dont le sang n'a jamais bondi pour elle, et qui restâtes impassibles quand elle était en danger; à vous les places et les honneurs parce que vous savez aduler!... Mais à celui qui s'est sacrifié pour elle; à celui qui aime son Roi et ses institutions, à celui dont le sang a coulé plus d'une fois pour les faire respecter : rien! rien, je le répète, que le néant!

Je suis plus grand qu'eux; loin de moi l'idée

d'empiéter sur leurs titres et leurs honneurs; mais ainsi que je le dis ci-contre, ce que je suis en droit de réclamer, c'est l'équivalent de ce qu'on m'a enlevé et que je n'attends pas en vain de la justice du Roi et du Conseil des Ministres.

De tout ce qui précède, je ne me pose point en hostilité contre le gouvernement; dieu me garde d'une telle pensée. Je serais au contraire encore le premier à redoubler d'efforts pour le maintien de la couronne de Juillet, et le seul vœu ardent que je forme, c'est la perpétuité de notre monarchie reposant sans cesse sur des bases inébranlables.

PIÈCES JUSTIFICATIVES.

PIÈCES JUSTIFICATIVES.

N. 1.

GARDE NATIONALE DE PARIS.

XIe LÉGION.

3e *Bataillon.* *Grenadiers.*

Nous soussignés, pour rendre hommage à la vérité,

Certifions, que le 19 octobre 1830, étant de service au Palais-Royal, et sur la demande de Sa Majesté, une députation de ladite compagnie fut appelée pour se rendre près d'elle;

Qu'en sa présence, le Roi lui témoigna sa satisfaction sur la conduite ferme et courageuse que la Compagnie avait tenue le 18 octobre 1830, en empêchant l'émeute de pénétrer dans les appartements du Palais-Royal;

Qu'en faisant connaître combien elle était satisfaite des bons services que cette Compagnie rendait, elle voulait plus particulièrement encore témoigner toute sa bienveillance à M. *Peloux*, capitaine commandant, en lui disant : *Qu'en toutes circonstances elle l'autorisait à se réclamer d'elle.*

En foi de quoi, Nous, membres composant cette députation, avons délivré le présent Certificat à M. *Peloux,* pour lui servir et valoir ce que de raison.

Signé :

PESSONNEAUX, Capitaine en 2e; L'HUILLIER, Lieutenant en 1er de Grenadiers; GALLAY, ex-Lieutenant; MILBERT, Lieutenant en 2e; POLINI MAURICE, Caporal; POULET, STROHL, CLÉMENT, BISCHOFF, Grenadiers.

N. 2.

EXTRAIT DU MONITEUR

DU 22 SEPTEMBRE 1830.

Une Députation de Grenadiers du 2e Bataillon de la XIe Légion, composée de MM. Peloux, capitaine en 1er; Pessonneaux, capitaine en 2e; Fain, lieutenant; Gastebois, sergent; de Saint-Ouen, Bornot et Rozet, grenadiers, a eu l'honneur de présenter au Roi le compte rendu d'un banquet offert par la compagnie à ses officiers le 15 courant. M. Rozet, chargé de porter la parole, s'est exprimé en ces termes :

« SIRE,

» Puisque l'Héritier du Trône est simple canonnier » parmi nous, un simple grenadier peut adresser la » parole à Votre Majesté sous cet uniforme; du moins, » nous sommes les égaux du Prince Royal, et nous » jouissons de ses priviléges auprès de son auguste » père.

» Nous vous apportons, Sire, un éclatant témoignage » de l'excellent esprit qui anime la Garde Nationale, » et par conséquent la population de Paris. Vous con- » naissez son courage; vous régnez par lui. Mais en » lisant cette relation d'un simple banquet, Votre Majesté » connaîtra de plus en plus son bon sens, son amour » de l'ordre et des lois, son éloignement des utopies » chimériques, son intelligence de toutes les difficultés, » son respect de toutes les convenances. Elle vous a » choisi pour ses représentants; elle vous aime et vous » défendra toujours, non-seulement par inclination, » mais par intérêt. Vous lui êtes à la fois chère et né- » cessaire; car Votre Majesté la sauve également du » despotisme et de l'anarchie.

» Tels sont, Sire, les sentiments unanimes de la » Garde Nationale, et notamment de la XIe Légion. » S'il fallait, quelque jour, les mettre en action, nous » imiterions nos deux braves capitaines. Sous ces nobles » croix qui décorent leurs uniformes, il y a bien des » coups de feu, de sabre et de baïonnette; et ils sont » prêts à en augmenter le nombre, si le service de Votre » Majesté le demande. »

LE ROI RÉPONDIT :

« Messieurs, je suis enchanté du bon esprit qui anime
» la Garde Nationale : je suis fort de son appui. J'ai
» voulu que mon fils fût simple canonnier parmi vous,
» pour qu'il se pénétrât de vos principes, et connût de
» plus près le peuple généreux qu'il doit commander un
» jour. Je me réjouis qu'il soit votre camarade, et je
» vous vois tous avec grand plaisir autour de moi. Je
» vous remercie du soin que vous mettez à nous garder.
» Je compte sur vous comme vous comptez sur moi.
» Vous ne voulez pas de l'anarchie, et je n'en veux pas
» plus que vous. Il ne peut y avoir de liberté que là
» où il n'y a pas d'anarchie. Je n'ai pas besoin de vous
» dire que je suis également l'ennemi du despotisme ;
» j'ai fait mes preuves à cet égard, et nous nous en-
» tendrons toujours pour le bonheur et la prospérité
» de notre commune patrie. Ces utopies chimériques
» dont vous me parlez font sans doute beaucoup de
» mal ; mais elles ne m'inquiètent pas : le bon sens de
» la nation les répousse, et il y a aujourd'hui trop de
» lumières et de perspicacité dans les masses pour qu'on
» doive s'en alarmer ; ce qui s'est passé à votre banquet
» en est une preuve. »

Alors le Prince Royal dit avec la plus aimable vivacité :
« C'est moi, Messieurs, qui me félicite d'être votre
» camarade : j'y gagne beaucoup plus que vous. Je ferai
» mon service avec plaisir, et en suivant votre exemple,
» je ferai toujours bien. »

La Députation se retira, pénétrée des bontés du Roi et du Prince.

N. 3.

GARDE NATIONALE DE PARIS.

XIe LÉGION.

Paris, le 20 *septembre* 1830.

Mon cher Capitaine, veuillez, je vous prie, me remettre trois ou quatre exemplaires de votre compte rendu du banquet. Il reçoit l'approbation de tout le monde, et le Roi m'en a lui-même témoigné, hier soir, sa satisfaction.

Amitié bien sincère.

Signé : Cte. De SUSSY, *Colonel.*

N. 4.

EXTRAIT DU CONSTITUTIONNEL

DU 23 DÉCEMBRE 1830.

Hier soir, les groupes et les rassemblements étaient en nombre considérable, depuis les débouchés du carrefour de l'Odéon, jusqu'au Pont-Neuf. Les diverses légions ont continué à faire admirablement leur service. La XIe Légion, dans la circonscription de laquelle se trouvait le foyer et le centre du désordre, s'est, en quelque sorte, multipliée. La personne, qui nous transmet ces détails, a été particulièrement témoin de la belle conduite du 3e bataillon, commandé par M. Daubigny. Hier, de sept à dix heures du soir, ce bataillon a balayé la foule, depuis le carrefour Bussy, jusqu'au-delà du Pont-Neuf. Dans cette occasion, on a remarqué la belle tenue et la ferme contenance de la Compagnie de grenadiers du capitaine *Peloux*, etc., etc.

N. 5.

CHAMBRE DES PAIRS.

CABINET DU GRAND RÉFÉRENDAIRE.

Paris, le 21 *avril* 1831.

Je crois remplir un devoir envers le gouvernement, en signalant à sa bienveillance spéciale et à sa justice la conduite de M. *Peloux,* capitaine de grenadiers de la XIe légion de la garde nationale. Le zèle, la fermeté, la vigoureuse modération qu'il a manifestés et inspirés à sa Compagnie, pendant les troubles de décembre sont au-dessus de tout éloge, et mériteraient la décoration de la Légion-d'Honneur, lors même que son courage ne lui aurait pas fait obtenir en 1815 une distinction dont il n'a point encore reçu la confirmation. M. *Peloux* a puissamment contribué au salut des détenus, et à la conservation du Luxembourg. Je conserverai éternellement le souvenir de ses services et désire plus que personne qu'ils soient récompensés par le gouvernement.

Le Grand Référendaire,
Signé : **SEMONVILLE.**

N. 6.

Le soussigné Commandant supérieur du Luxembourg, certifie que M. *Peloux*, capitaine de grenadiers de la XIe légion de la garde nationale, a déployé dans les journées d'Octobre et de Décembre un zèle et une énergie au-dessus de tout éloge. Sa Compagnie est une de celles qui m'ont rendu le plus de services pour arriver au succès de la mission difficile qui m'était confiée.

Les bons sentiments de ce brave officier et les preuves qu'il a données de son attachement à nos institutions et au Roi, le rendent extrêmement recommandable sous tous les rapports. C'est avec un bien grand plaisir que je lui donne ici une preuve de ma haute estime pour lui.

Le Colonel,

Signé : Bon FEISTHAMEL.

N. 7.

Paris, le 30 *octobre* 1831.

Je m'estime heureux de trouver l'occasion d'exprimer le vif intérêt que je porte à M. *Peloux;* il a été admis dans l'Administration des Mesageries du Commerce, il y a seize mois environ. J'ai tant à me féliciter de l'y avoir introduit, que ce n'est qu'avec peine que je le verrai s'en retirer, si le sort plus favorable qui lui est réservé et qu'il mérite sous tous les rapports, ne m'offrait pas une compensation aux regrets que cause la retraite de cet employé parfait.

L'administrateur général des Messageries,

Signé : Eugène LECOMTE.

N. 8.

COMMISSION
DES MONNAIES ET MÉDAILLES.

LE PAIR DE FRANCE,

Président de la Commission des Monnaies et Médailles,

Certifie qu'il appert du registre du personnel de la Commission que M. *Peloux* (Pierre-Marie-Étienne), est entré dans les bureaux de la Commission en qualité de commis d'ordre, aux appointements de 3,000 francs, le premier octobre 1830, et qu'il a rempli cet emploi jusqu'au 20 Décembre 1834; que par arrêté du Ministre des Finances du même jour, 20 décembre, il a été nommé Contrôleur au change en la monnaie de Limoges aux appointements de 3,000 francs, jusqu'au premier janvier 1838, époque de la suppression de cette Monnaie.

Certifie en outre que M. *Peloux* a rempli les différents

emplois qui lui ont été confiés à la satisfaction de l'Administration.

En foi de quoi le présent certificat a été délivré pour servir et valoir ce que de raison.

Paris, le 10 *janvier* 1842,

Signé : C. PERSIL.

FIN.

NEUILLY, IMPRIMERIE DE A. POILLEUX, RUE DE SEINE, 91.

www.ingramcontent.com/pod-product-compliance
Lightning Source LLC
LaVergne TN
LVHW020449230826
846091LV00004B/1611

* 9 7 8 2 0 1 1 7 6 7 3 6 3 *